Freude ist eine gesunde Kost.
Chinesisches Sprichwort

- Serviette
- Gabel
- Kürbissenf
- Bratwurst
- Teller
- Messer

Guten Appetit

Dieses Buch gehört

Inhaltsverzeichnis Frühling

Inhaltsverzeichnis *Sommer*

Inhaltsverzeichnis *Herbst*

Inhaltsverzeichnis Winter

Heiterkeit des Herzens schließt wie der Frühling alle Blüten des Inneren auf.

Jean Paul

....

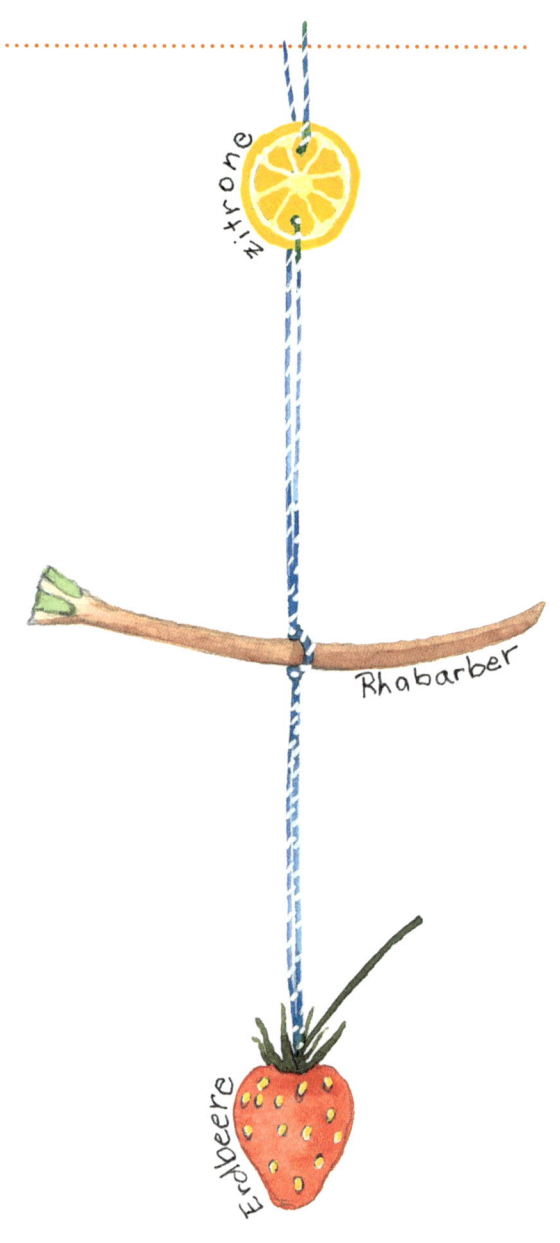

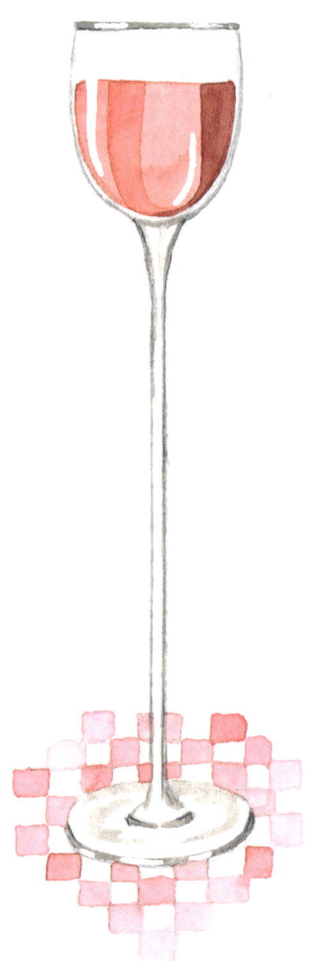

icecream · gelato

Veilchen-Konfitüre ♥

Zutaten: 200 g Veilchenblüten,
200 g Äpfel, 600 g Gelierzucker
→ 2 Einmachgläser à 0,5 l 💙

Zubereitung: Die Veilchenblütenblätter vorsichtig in einer Schüssel mit Wasser waschen, in Streifen schneiden und mit 200 ml Wasser überbrühen.
Die Äpfel schälen, vierteln, entkernen und blättrig schneiden.
Die Veilchenblüten zusammen mit dem Wasser, den Apfelblättchen und dem Gelierzucker gut vermischen. Die Masse zum Kochen bringen und 5 Minuten sprudelnd kochen lassen.
Die Konfitüre sofort in die Gläser füllen und auf dem Deckel stehend abkühlen lassen.

Für **Rosenkonfitüre** nehmen Sie statt der Veilchenblüten die entsprechende Menge ungespritzter Rosenblütenblätter.

1. viola odorata
2. viola danixa
3. viola montana
4. viola tricolor — kiss-me-at-the-garden-gate
5. viola viviniana

....

Sommer ist die Zeit, in der es zu heiß ist, um das zu tun, wozu es im Winter zu kalt war. ♥   Mark Twain

SOMMER

....

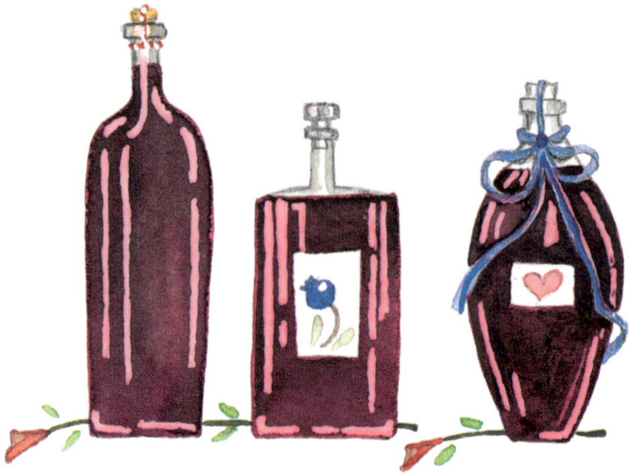

Welcome

Rote Grütze

besonders lecker

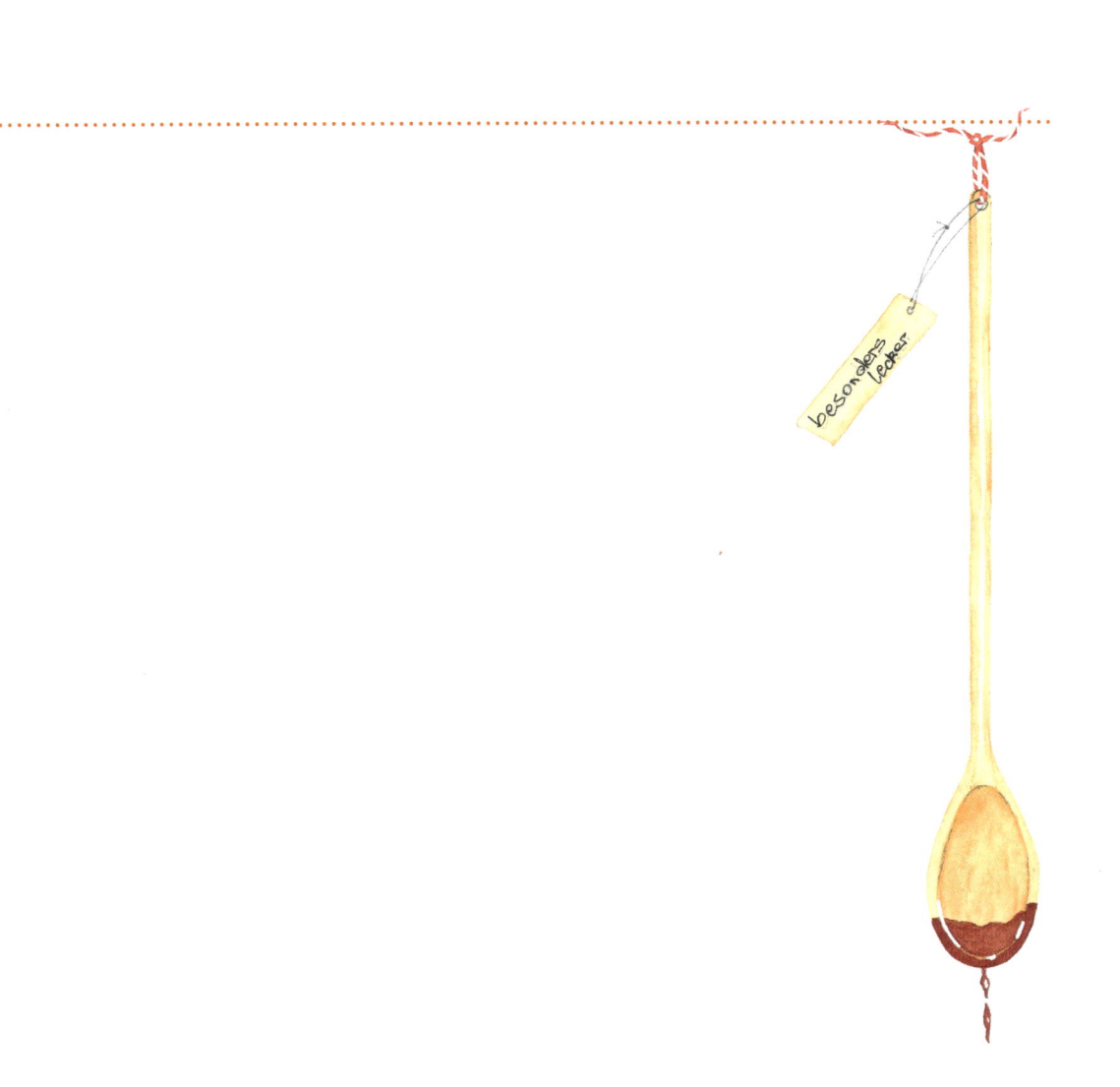

Rosensirup

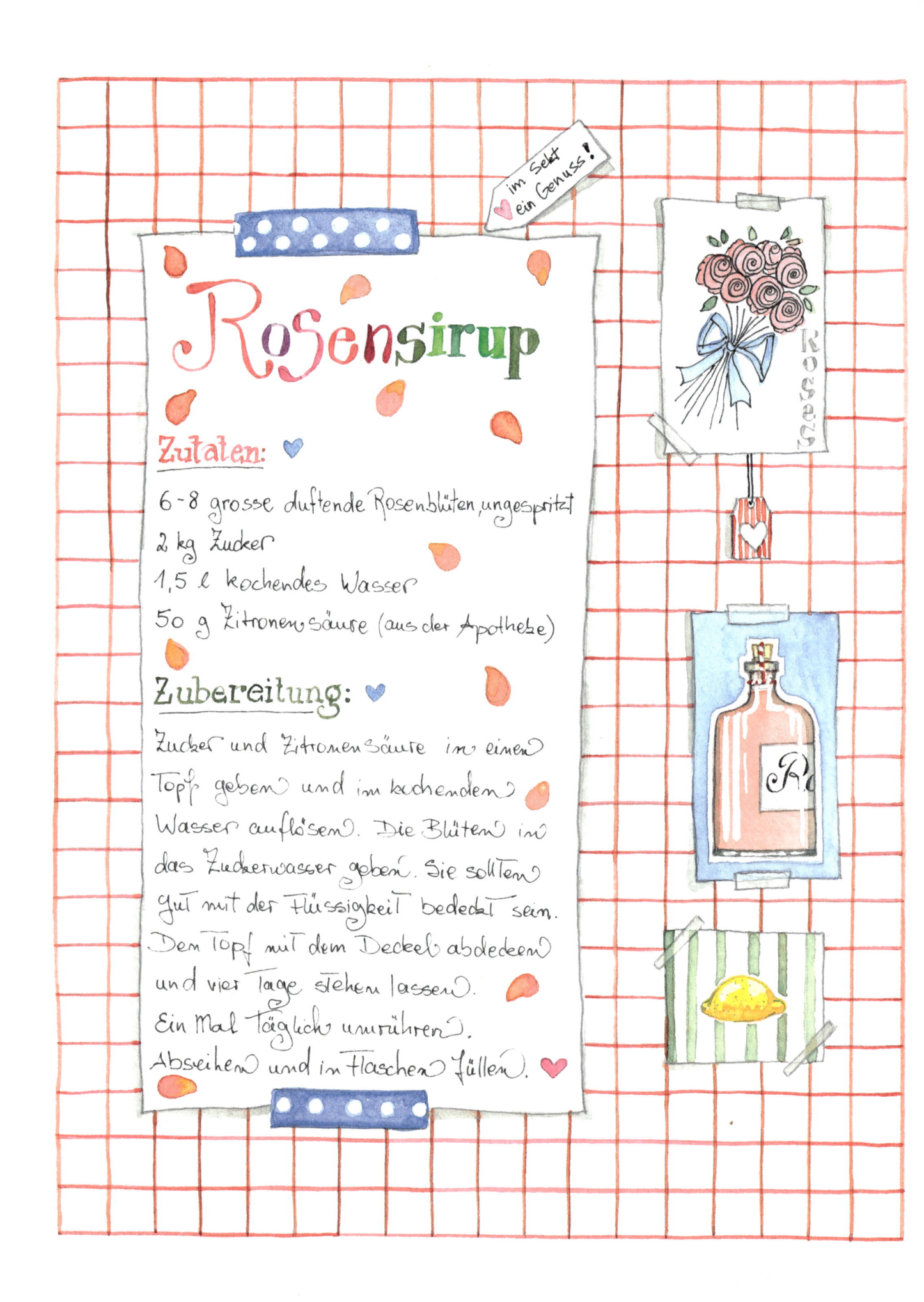

im Sekt ein Genuss!

Zutaten:

6-8 grosse duftende Rosenblüten, ungespritzt
2 kg Zucker
1,5 l kochendes Wasser
50 g Zitronensäure (aus der Apotheke)

Zubereitung:

Zucker und Zitronensäure in einen Topf geben und im kochenden Wasser auflösen. Die Blüten in das Zuckerwasser geben. Sie sollten gut mit der Flüssigkeit bedeckt sein. Den Topf mit dem Deckel abdecken und vier Tage stehen lassen. Ein Mal täglich umrühren. Abseihen und in Flaschen füllen.

57

Reloume

Der **Herbst** ist ein zweiter Frühling, wo jedes Blatt zur Blüte wird. ♥

Albert Camus

Herbst.

pomodoro

la cucina

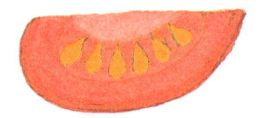

Tomate   pomodoro   tomato   tomate

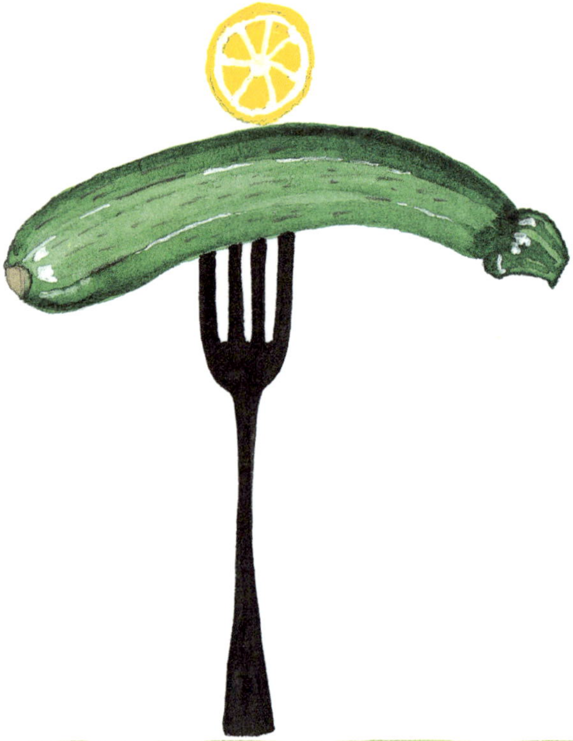

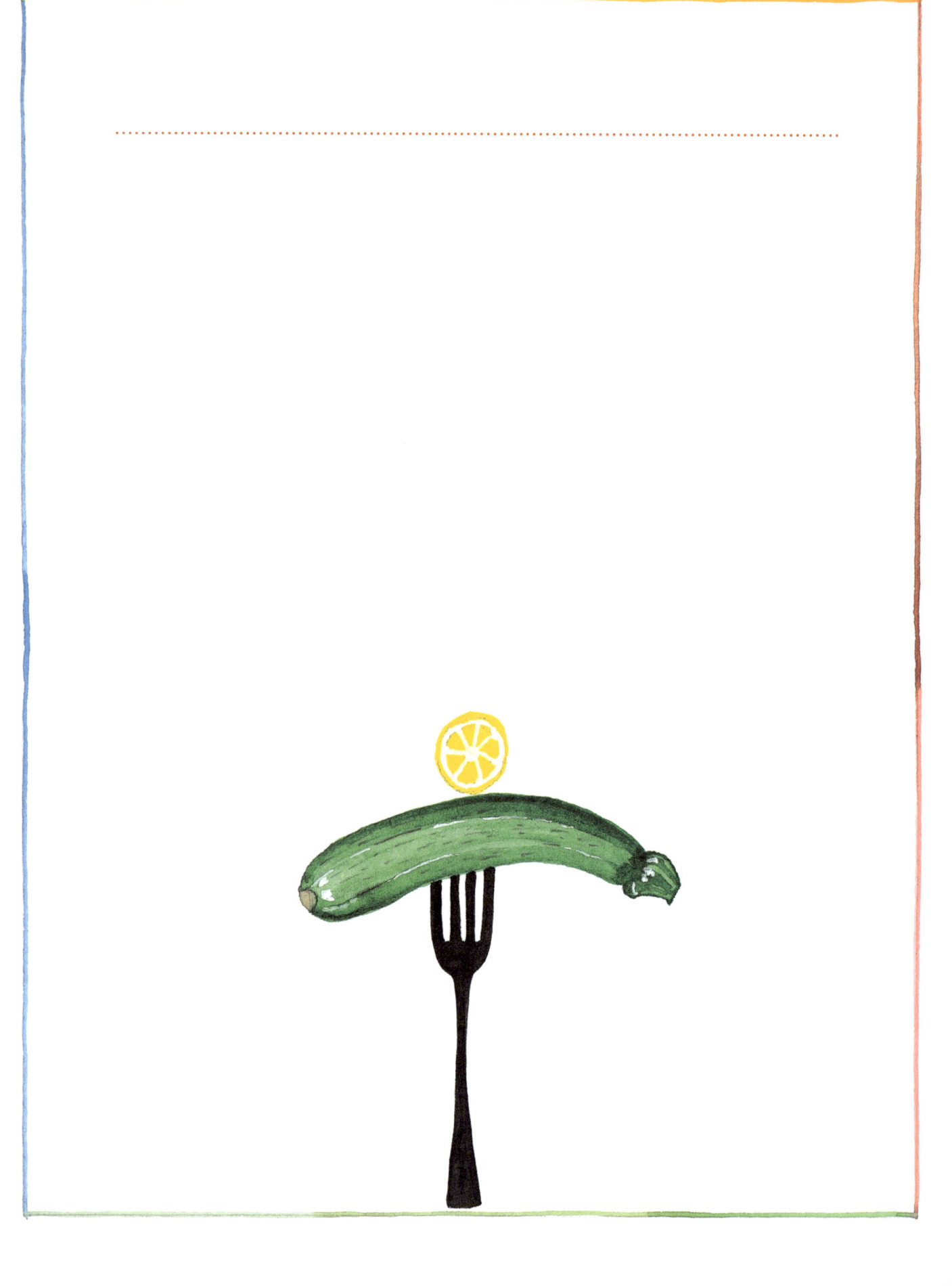

....

Möhren-Konfitüre

Zutaten: 1 kg Möhren, 2 Birnen, 1 kg Gelierzucker 1+1, 8 ml Zitronensaft, 1 Vanilleschote, 2 Zimtstangen

5 Twist-Off-Gläser à 250 ml

So geht's:
- Die Möhren schälen und in feine Scheiben schneiden. Die Birnen schälen, vierteln, entkernen, in Scheiben schneiden und mit 100 g Gelierzucker in den Mixer geben und fein pürieren.
- Alle Zutaten mischen und ruhen lassen, bis sie im eigenem Saft liegen. In einen weiten Topf geben und bei mittlerer Hitze unter Rühren köcheln lassen, bis die Möhren weich und glasig sind. Vanilleschote und Zimtstangen entfernen.
- Die Konfitüre kochend heiß in die Gläser füllen. Verschließen und auf den Deckeln stehend abkühlen lassen.

Holunder

....

....

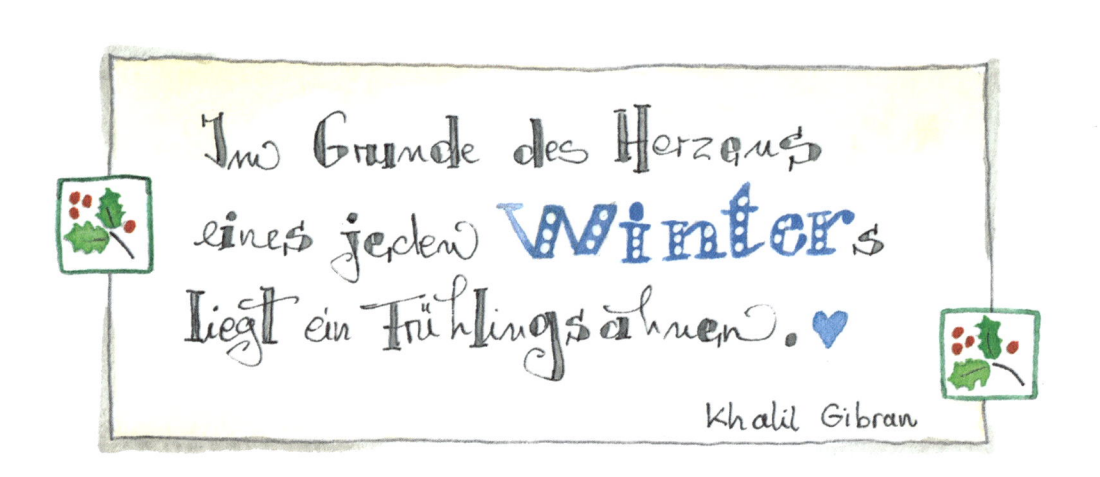

Im Grunde des Herzens
eines jeden **Winter**s
liegt ein Frühlingsahnen. ♥

Khalil Gibran

Winter

....

....

....

HagebuttenSaft

Zutaten   4 kg Hagebutten, 1 l Apfelsaft, Saft von 2 Zitronen, ca. 800 g Zucker ♥

1. .... Stiele und Blütenkronen der Hagebutten abschneiden. Dünne Haushaltshandschuhe anziehen, um die Früchte zu halbieren, auszuschaben und zu waschen.

2. .... Hagebutten mit Apfel- und Zitronensaft aufsetzen und erhitzen. Leicht sprudelnd kochen, zudecken und bis zum nächsten Tag an einem kühlen Platz stellen.

3. .... Ein Tuch in eine Siebschüssel legen, die Hagebutten hineingeben und den Saft in ein Gefäß ablaufen lassen. Das Tuch über den Früchten zusammendrehen und den restlichen Saft auspressen.

4. .... Saft und Zucker aufkochen und abschmecken. Mehr Zucker zufügen, wenn der Saft noch zu sauer ist. Kochend heiß in sterile Flaschen füllen und verschließen.

zu 3.

Rose

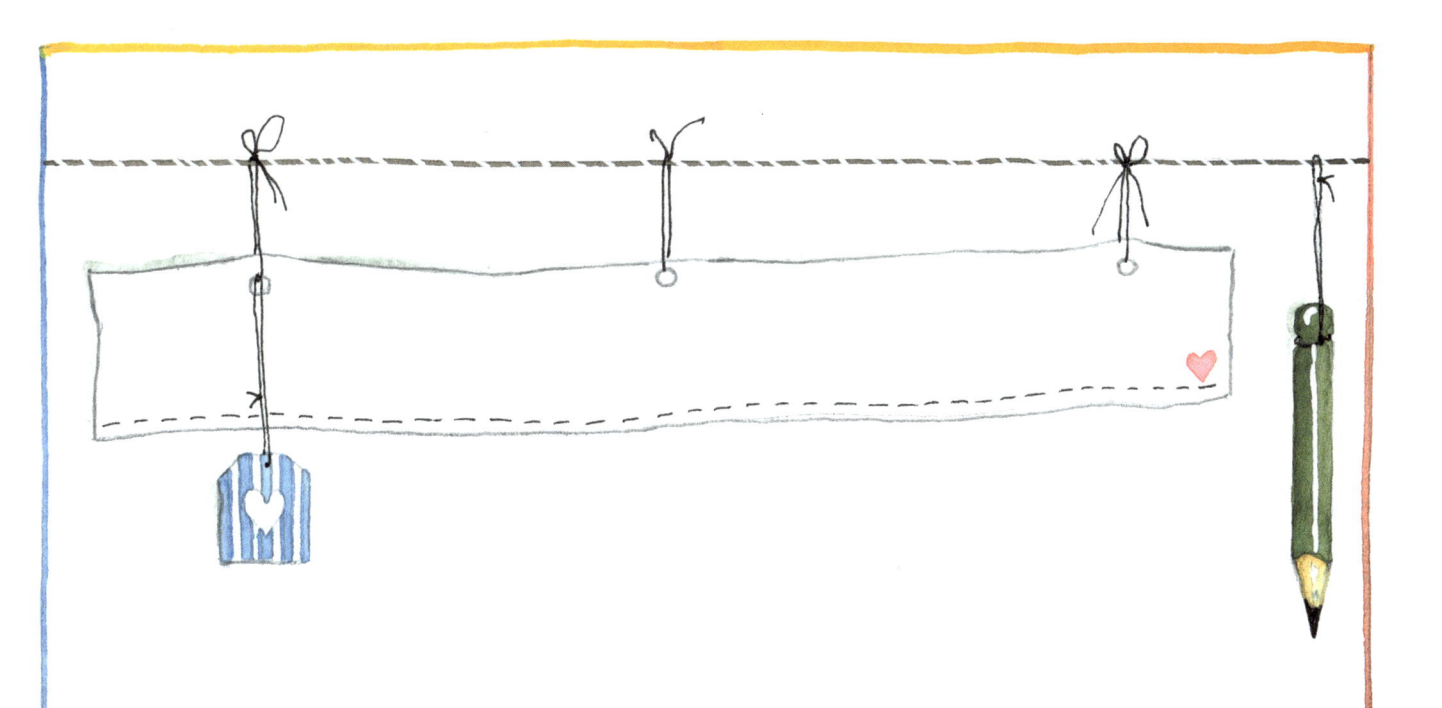

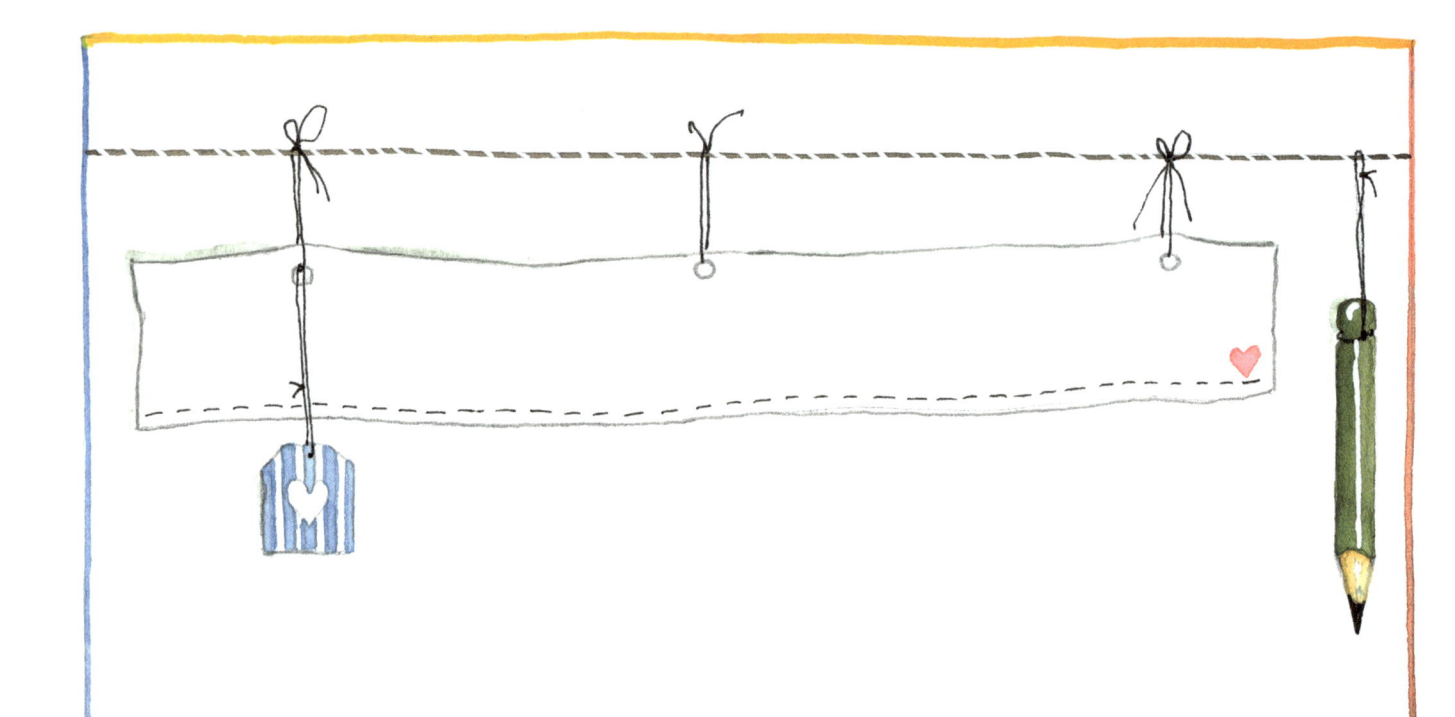

I'm in the Garden

My Home is my Castle

Die Welt ist voll
von kleinen Freuden.
Die Kunst besteht darin,
sie zu sehen. — Li Tai Pe

apples

Take Time to smell the Flowers

Daisy

Eintragseiten für meine Tricks & Tipps

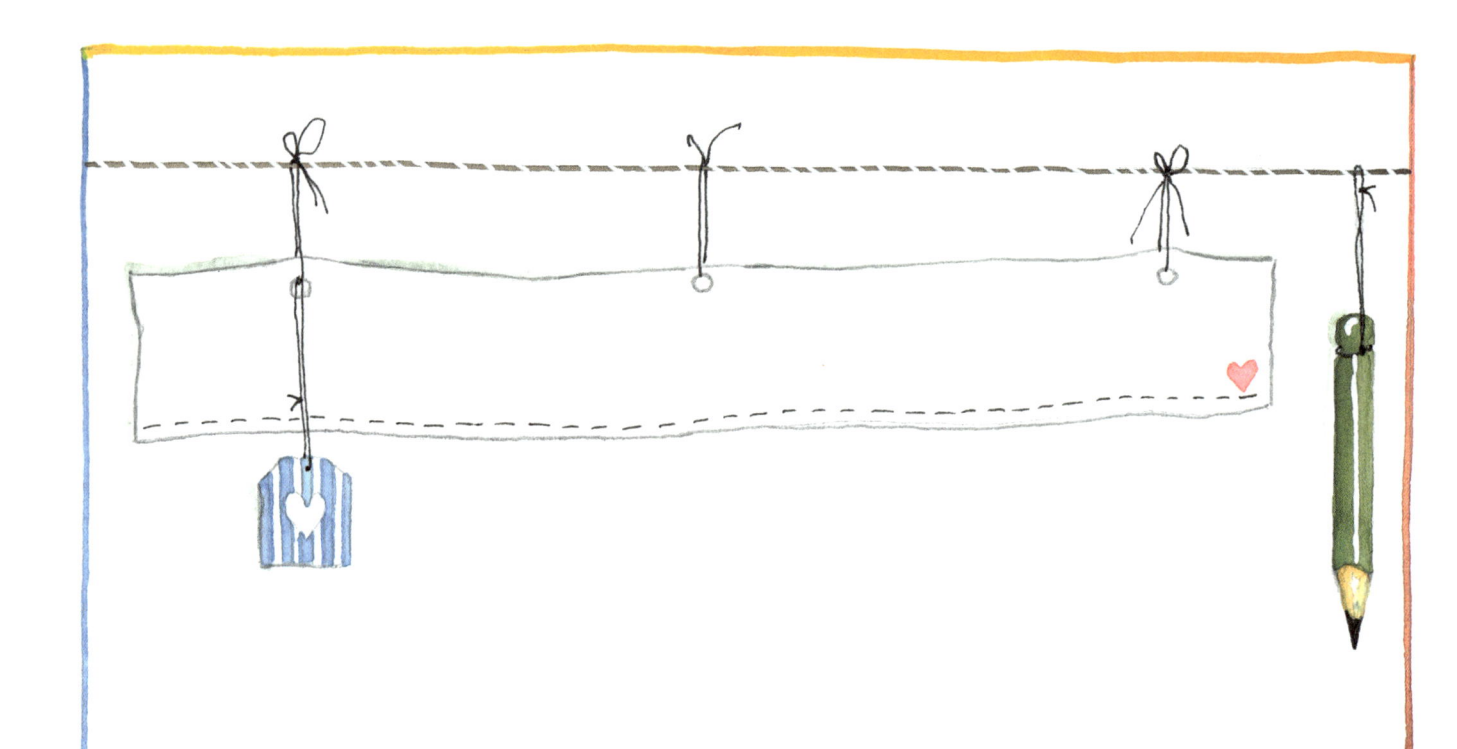

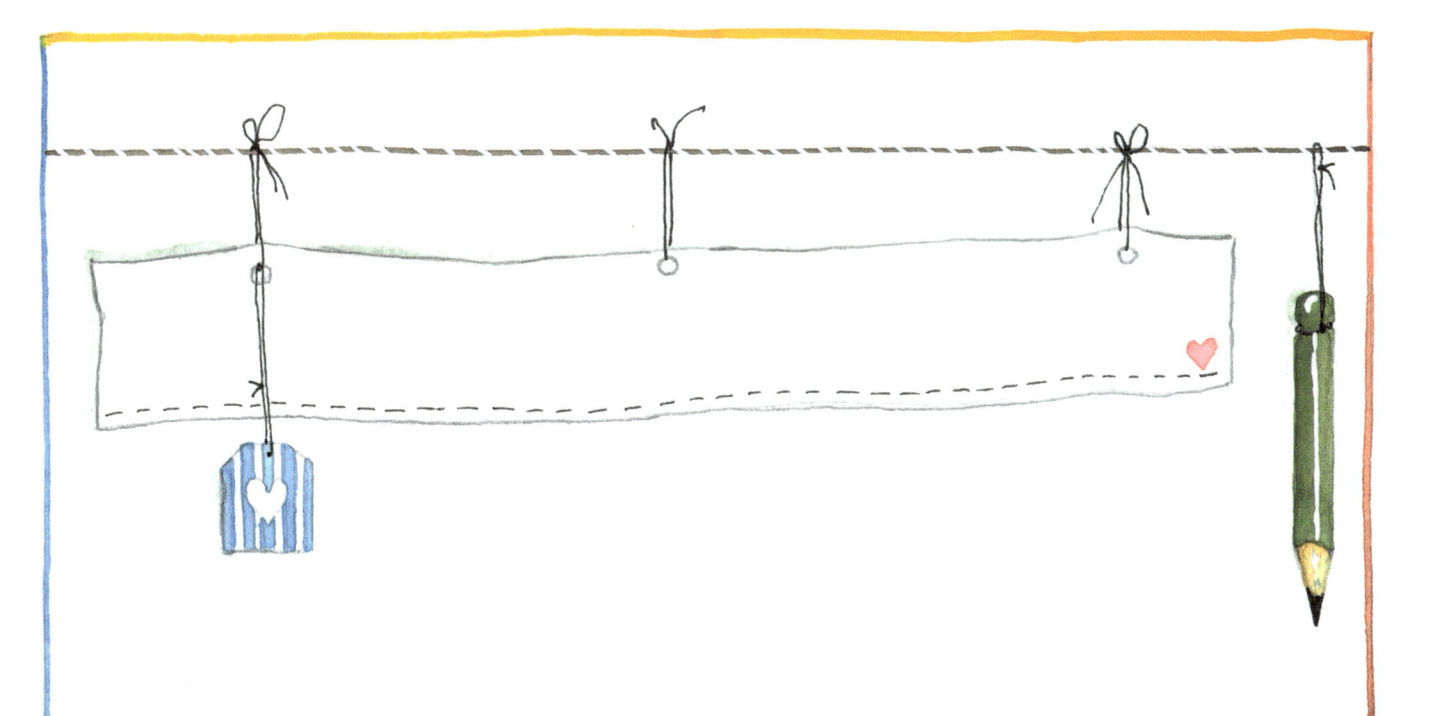

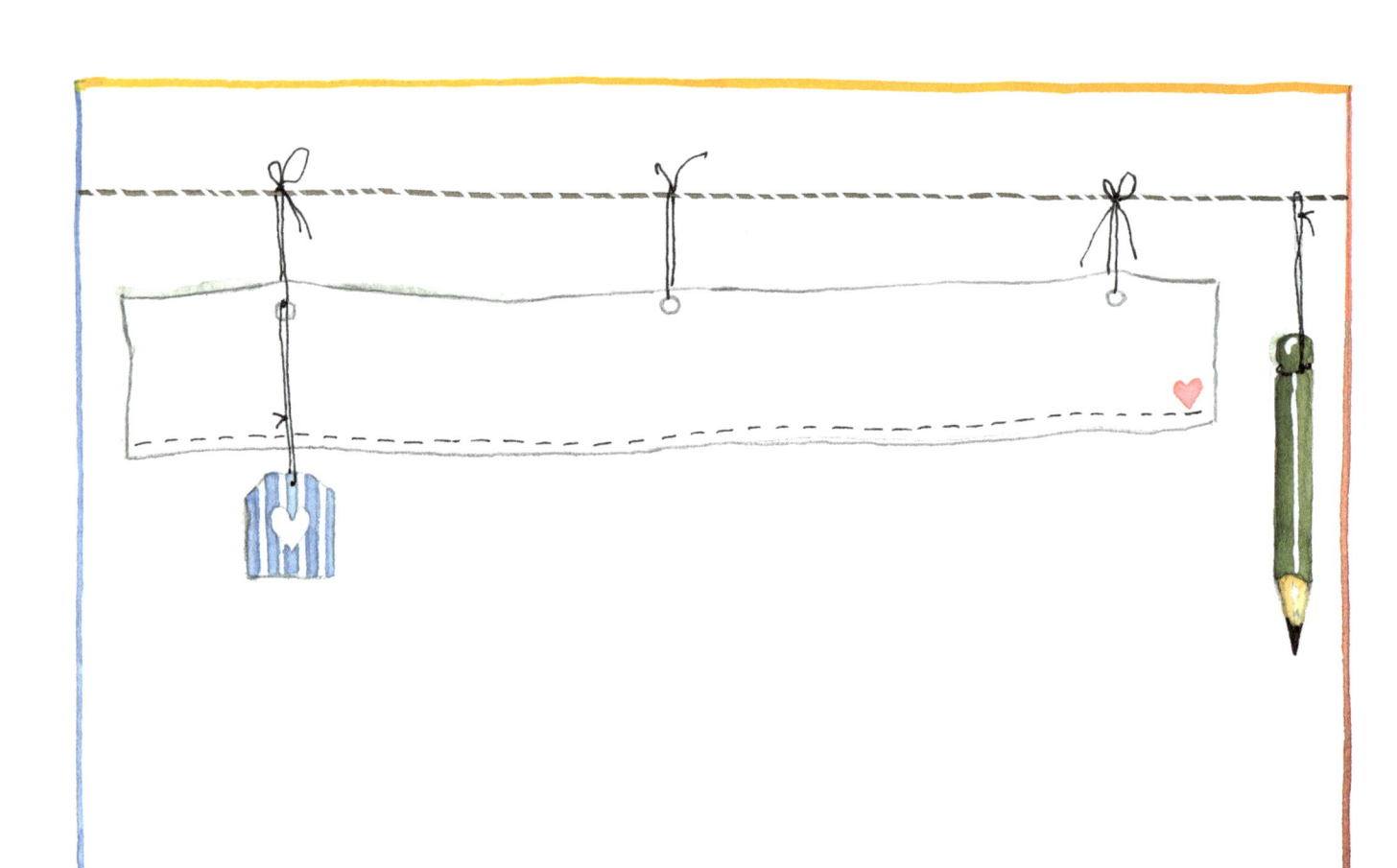

Die Früchte der Natur haltbar machen …

Den Sommer genießen
... bis in den Winter hinein

Wenn der Sommer im Land ist, wird auch das Angebot an Früchten immer verführerischer: Frisch, farbenfroh und aromatisch präsentiert es sich auf den Märkten und im Laden, bei der Ernte auf den Selbstpflückfeldern oder im eigenen Garten.

Diese Pracht wird natürlich schnell frisch verzehrt, aber ist es nicht auch wunderbar, im Winter noch ein Glas der selbst gemachten Marmelade zu genießen, die getrockneten Apfelringe zu knabbern oder den eigenen Himbeersirup zum Dessert zu reichen? Alles Produkte, die Sie ganz nach eigenen Wünschen zubereitet haben, ohne Farb- und Konservierungsstoffe, ohne Emulgatoren und Geschmacksverstärker.

Es gibt viele Arten, Obst, Gemüse, Nüsse oder Kräuter zu konservieren. Das Einmachen und Einkochen, das Einlegen in Alkohol, Essig oder Öl, das Trocknen durch Wärme, Salz oder Zucker, das Entsaften. In diesem Buch finden Sie verschiedene Methoden des Haltbarmachens, die alle zu ganz wunderbaren Ergebnissen führen. Wichtig für die Qualität und die Haltbarkeit der Produkte sind die Grundstoffe: Nehmen Sie nur einwandfreie Früchte, arbeiten Sie sehr sauber und halten Sie die in den Rezepten vorgegebenen Temperaturen und Mengen ein.

Generell wird bei allen Methoden der Nährboden für Bakterien und Schimmelpilze beeinträchtigt. Denn Verderbnis beruht immer auf Wachstum von Mikroorganismen.

Marmelade, Konfitüre und Gelee herstellen

Die wesentliche Zutat bei der Herstellung von Konfitüre, Marmelade und Gelee ist der Zucker, denn in hoher Konzentration verhindert er das Wachstum von Bakterien, Hefen und Schimmelpilzen. Für eine gute Lagerfähigkeit sollte der Anteil an Zucker rund 65 % des Gesamtgewichtes der Marmelade betragen. Da Früchte in der Regel einen Gehalt an Eigenzucker von rund 10 bis 15 % haben, wird bei einer Mischung von gleichen Teilen Frucht und Zucker ein Zuckeranteil von 65 % erreicht. Gelierzucker 2:1 oder 3:1 enthalten in der Regel Konservierungsstoffe.

Die geputzten Früchte werden zunächst mit wenig Zucker gekocht. Sehr saftige, weiche Früchte wie Himbeeren kocht man ohne Zugabe von Wasser, bei festeren Früchten gibt man 1 bis 2 Esslöffel Wasser dazu. Köcheln Sie die Früchte bei niedriger Temperatur, bis sich Saft bildet, dann erhöhen Sie die Temperatur und kochen das Ganze, bis die Früchte weich sind. Nehmen Sie den Topf vom Herd, geben Sie den restlichen Zucker zu und rühren so lange, bis die Kristalle sich aufgelöst haben. Erst nachdem der Zucker sich vollständig aufgelöst hat, darf die Fruchtmasse kochen. Rühren Sie dabei gelegentlich um, damit nichts ansetzt. Die Masse soll so lange kochen, bis der Gelierpunkt erreicht ist – dies sollte mindestens 5, maximal 20 Minuten dauern.

Um zu erkennen, ob der Gelierpunkt erreicht ist, gibt es drei Methoden:

Sie können mit einem Zuckerthermometer die Temperatur des kochenden Fruchtbreis überprüfen – achten Sie dabei darauf, dass das Thermometer nicht den Topfboden berührt. Hat die Masse 105 °C erreicht, ist der Gelierpunkt erreicht und Sie können den Topf vom Herd nehmen.

Beim Fließtest tauchen Sie einen Löffel in die kochende Masse. Bleibt beim Herausnehmen ein kleiner Rest am Löffel haften, ist die Kochzeit beendet.

Bei der Gelierprobe entnehmen Sie dem Topf ein wenig der kochenden Masse und lassen sie auf einen kleinen Teller tropfen und abkühlen. Nach etwa 2 Minuten testen Sie die Masse mit dem Finger oder dem Stiel des Kochlöffels: wenn sich an der Oberfläche Falten bilden, ist die Marmelade fertig.

Gelierzucker ist hilfreich beim Einmachen, da er grobkörniger ist und sich langsamer auflöst, es geht aber auch mit normalem Haushaltszucker. Jedoch ist im Gelierzucker bereits das Geliermittel Pektin, das das Kochgut fest werden lässt, enthalten.

Auch wenn wir meist von „Marmelade" sprechen, so ist diese Bezeichnung gesetzlich auf die Zubereitungen mit Zitrusfrüchten beschränkt – Zubereitungen anderer Früchte werden als Konfitüre bezeichnet.

Einkochen, Einmachen

Beim traditionellen Einkochen wird das Kochgut in spezielle Gläser – die Weckgläser – gegeben. Die Gläser werden mit Gummiring und Deckel verschlossen und in einem Einkochtopf (oder auch in einem anderen großen Gefäß) erhitzt, bis alle Keime abgetötet sind. Dabei wird die Luft aus dem Glas herausgedrückt, es entsteht im Glas ein Unterdruck, der den Deckel so fest in den Gummiring drückt, dass auch beim Abkühlen keine keimbelastete Luft eindringen kann. Eingekochte Lebensmittel lassen sich zum Teil mehrere Jahre aufbewahren.

Das Einmachen ist eine schnellere Methode, doch da das Erhitzen weniger lang dauert, werden nicht alle Keime abgetötet, das Einmachgut ist daher nur maximal ein Jahr haltbar. Die Früchte werden dafür in einem Topf erhitzt und anschließend heiß in die Einmachgläser (zum Beispiel Marmeladengläser) gefüllt, der Schraubverschluss wird zugedreht und das Glas auf den Kopf gestellt zum Abkühlen.

Entsaften

Das Entsaften mit dem Dampfentsafter stellt eine gute Möglichkeit dar, schnell große Mengen zu verarbeiten und für längere Zeit haltbar zu machen: Das Obst wird gewaschen, Rhabarber in Stücke geschnitten, Kernobst geviertelt (mit Kerngehäuse), Steinobst entsteint, Beerenobst muss nicht entrappt werden. Zuckert man das Obst einige Stunden vor dem Entsaften, erhöht dies die Saftausbeute. Pro Kilogramm Obst rechnet man zwischen 100 und 200 g Zucker – zum Trinken sollte der Saft dann verdünnt werden. Die Entsaftungszeit liegt je nach Obstart zwischen 30 und 60 Minuten. Etwa 5 Minuten vor Beendigung des Entsaftens lässt man circa ½ l Saft ab und gibt ihn wieder über das Obst. Dadurch wird der Ablaufschlauch steril, und der Saft hat die gleiche Konzentration. Der heiße Saft wird in saubere Flaschen gefüllt, die mit Gummikappen oder Deckeln mit Drehverschlüssen sofort verschlossen werden. Verwendet man keinen oder nur geringe Zuckermengen (50 bis 100 g/l Saft), müssen die Flaschen zusätzlich 25 Minuten bei 75 °C sterilisiert werden.

Einlegen

Die bekannteste Art des Einlegens ist vielleicht der Rumtopf – hier wird das Obst mit Rum versetzt. Das geht natürlich auch mit anderen Spirituosen, mit unterschiedlichen Früchten und verschiedenen Gewürzen.

Auch Öl und Essig „versauern" den Mikroorganismen das Leben und sind daher für die Haltbarmachung von Lebensmitteln gut geeignet.

Trocknen/Dörren

Vollreife Früchte ohne Druck- und Faulstellen sind Voraussetzung für die beste Haltbarkeit und das beste Aroma. Zum Trocknen können die Früchte entsteint und halbiert werden, wodurch die Trockenzeit verkürzt wird, denn kleine Stücke trocknen schneller. Die vorbereiteten Früchte werden auf Gitter oder Roste gelegt – achten Sie darauf, dass die Früchte nicht übereinanderliegen und sich möglichst wenig berühren. Wichtig ist, dass die Früchte bei einer konstanten Temperatur trocknen. Dies kann auf dem Dachboden, in Heizungsnähe oder auch in der Sonne geschehen, doch die einfachste Lösung ist das Trocknen im Backofen. Dazu beginnt man bei der niedrigsten Temperatur (30 °C) und steigert sie kontinuierlich bis auf 50 °C. Zwischendurch müssen die Roste kontrolliert, gedreht und vertauscht werden. Wer keinen Heißluftherd hat, sollte außerdem die Tür des Backofens einen Spalt breit öffnen, zum Beispiel einen Holzlöffel dazwischenklemmen, damit die feuchte Luft entweichen kann. Wie lange das Obst im Backofen bleiben muss, hängt von der Größe, der Dicke und dem Wassergehalt der jeweiligen Frucht ab. Der Vorgang dauert meist zwischen 6 und 12 Stunden, in einem konventionell beheizten Backofen teilweise auch länger. Ob die Früchte fertig sind, stellt man fest, indem man einige Stücke herausnimmt und abkühlen lässt. Wenn sie sich ledrig anfühlen und man sie biegen kann, ohne dass sie zerbrechen, kann man auch den Rest aus dem Backofen nehmen.

Getrocknete Früchte sind eine gute Alternative zu Süßigkeiten, denn sie enthalten kein Fett, dafür aber viele gesunde Inhaltsstoffe. Allerdings sind sie echte Kalorienbomben: 100 g getrocknete Apfelscheiben enthalten zum Beispiel 278 kcal, das entspricht einem kleinen Mittagessen. Doch für aktive Menschen und Leute mit wenig Zeit sind sie ideal, denn in ihnen steckt fast die ganze Nährstoffpower des frischen Obstes. Das enthaltene Vitamin C geht zwar beim Trocknen verloren, Mineralstoffe und sekundären Pflanzenstoffe sind jedoch höher konzentriert enthalten als in frischem Obst. Außerdem enthalten sie auch jede Menge Ballaststoffe, die halten lange satt und kurbeln die Verdauung an. Zudem enthalten Trockenfrüchte viel Magnesium, und das beugt zum Beispiel Wadenkrämpfen vor.

ISBN 978-3-572-08200-1

© 2015 by Bassermann Verlag, einem Unternehmen der Verlagsgruppe
Random House GmbH, 81673 München

Die Verwertung der Texte und Bilder, auch auszugsweise, ist ohne Zustimmung des Verlags urheberrechtswidrig und strafbar. Dies gilt auch für Vervielfältigungen, Übersetzungen, Mikroverfilmung und für die Verarbeitung mit elektronischen Systemen.

Umschlaggestaltung: Reglindis Rohringer
Buchgestaltung und Illustrationen: Reglindis Rohringer
Redaktion: Anja Halveland

Die Ratschläge in diesem Buch sind von der Autorin und vom Verlag sorgfältig erwogen und geprüft, dennoch kann eine Garantie nicht übernommen werden. Eine Haftung der Autorin bzw. des Verlags und seiner Beauftragten für Personen-, Sach- und Vermögensschäden ist ausgeschlossen.

Litho: Artilitho, Lavis (Trento)
Druck und Verarbeitung: Mohn Media Mohndruck GmbH, Gütersloh

Printed in Germany

Verlagsgruppe Random House FSC® N001967
Gedruckt auf dem FSC®-zertifizierten Papier *Tauro Offset*